Ariel G Batista Osorio

Solo una mirada

Ariel G Batista Osorio

Solo una mirada

A las feminas de la motorizada de tránsito

JustFiction Edition

Imprint

Cover image: www.ingimage.com

Publisher:
JustFiction! Edition
is a trademark of
Dodo Books Indian Ocean Ltd., member of the OmniScriptum S.R.L Publishing group
str. A.Russo 15, of. 61, Chisinau-2068, Republic of Moldova Europe
Printed at: see last page
ISBN: 978-620-3-57844-7

SOLO UNA MIRADA
Ariel G. Batista Osorio

SOLO UNA MIRADA

Realidad y ficción

Ariel G. Batista Osorio

Se veía bella sobre la moto,
cual ángel de la guarda
protegiendo vidas humanas

Imágenes de cubierta: tomada de Microsoft Word 2010
Foto de una moto del cuerpo de la motorizada policial de la ciudad Holguín

Al preciado tesoro, el amor
A quienes amo

Prólogo

Hace un tiempo fue escrito un ensayo titulado **"el amor y la edad".** Este tópico hacía rato venía dando vueltas en la mente del autor, porque aunque es extremadamente abierto ante esas cuestiones sociales y, otras muchas más, que considera constituyen una libertad y un derecho de toda persona decidir sobre su vida, siempre dentro de la ética y la moral, por lo cual nadie se encuentra autorizado a inmiscuirse en ello, mas siempre existen gentes que aun las consideran un tabú.

Conocí de una pareja constituida en matrimonio que lo formaban un anciano de noventa años y una joven de dieciocho ¿parece exagerado verdad? pero esa era su libertad y con su unión muy bien llevada nunca dieron motivo a alguien para establecer una queja o comentario insano al respecto. Luego, un amigo, ya viejo, enviudó; eligió posteriormente para casarse con ella, a pesar de tener numerosas pretendientes cercanas a su edad, una joven de veinte y tantos años, soltera. En su matrimonio anterior nunca logró su anhelo, tener hijos, no obstante haber podido, su entonces esposa no quiso tenerlos; esta joven le dio dos. Lo atendió hasta la muerte, causada por una penosa enfermedad, educó a sus hijos a los cuales logró se formaran como profesionales y nunca más ha querido tener una pareja, consagrándose a la familia. Pudiera narrar otros casos, pero no es el objetivo; sin embargo, cuantos hay acordes en su edad que no han podido mantener una relación matrimonial, o como sea, estable. Hoy el divorcio entre las parejas jóvenes es algo que se sale de lo normal, pero aun existen casos como el que permeado de una realidad, que ha constituido una experiencia y con un poco de imaginación, que nunca puede faltar para adobar la obra en que está basada la actual.

Pienso, como está desarrollado en la trama de la presente novela, hay un extremo entre las parejas, que como en una ecuación matemática, mientras no se resuelva, la estabilidad entre ambos cónyuges no puede ser más que relativa. En estos días me encontraba parada frente a un centro de trabajo, llegó el esposo en su auto - ambos jóvenes -, desde bien temprano en la mañana no se veían, ella salió, penetró en el vehículo sin ni siquiera abrir la boca, él ni la miró, el teléfono móvil se encargó del encubrimiento y, así se fueron, luego me enteré que esa es su manera de tratarse, no que estaban molestos por alguna causa. Es muy necesario que entre el hombre y la mujer haya una total confianza, ambos tienen un corazón, un cerebro, sentimientos humanos, derechos y deberes, entre ellos el de amar y ser amados, por qué entonces ese muro que los separa y que logra hasta que se escondan las cosas, materiales y espirituales; no compartan ni una cosa, ni la otra. No son capaces de contarse sus problemas, deseos, aspiraciones, porque además, si entre todo esto hay una dosis morbosa de celos, ni la armadura más fuerte de acero los sostiene. Esta obra tiene el didáctico objetivo de sacar a la luz, primero: la libertad que tenemos que hacer valer los seres humanos en cuanto a elegir quién estará a nuestro lado. Segundo: tener una visión sobre la convivencia, respetándonos uno al otro en todo lo que concierne a nuestras vidas, de forma tal que nuestra manera de vivir sea un consenso. Muchas veces la infidelidad es proporcionada por estas situaciones creadas en las parejas que no son capaces de confiar el uno en el otro y, en determinados momentos aceptar que ambos tienen similares derechos.

La obra se circunscribe a hechos en ocasiones un tanto complejos, también tiene humor, sátira, defectos, virtudes, y amor sin límites, etc., como es la vida en cada uno de nosotros que nunca hemos sido perfectos, pero podemos amar y ser amados si nos lo proponemos, y no necesariamente tenga que ser nuestra pareja el grillete que no nos permita actuar como personas civilizadas.

Solo una mirada, es el reflejo de cuánto se puede en la vida. De igual manera consta en la obra parte de la vida de su autor referente a sus sentimientos y acciones y, un homenaje a las mujeres vigilantes de carretera en su honrosa labor de proteger la vida de los demás.

Flor Teresa Rodríguez Peña
Poeta y Escritora. Inst. Literaria El Convivio Cubano

SOLO UNA MIRADA

Señor, lo veo hace rato mirándome como si quisiera decirme algo ¿Le recuerdo algún suceso?

Disculpe usted joven, me ha llamado grandemente la atención, no he podido resistir la belleza que exhibe; esbelta, de pelo largo, ojos negros y un trato maravilloso, quizá si hubiera sido otro tipo de mujer me habría dicho un desplante. Su educación sale al exterior sin ningún esfuerzo, pero no se preocupe, es solo el esplendor de su imagen que me ha penetrado el pensamiento. Pretenderla sería una quimera, ya mi carnaval terminó, como suele decirse en el argot popular.

Se equivoca usted caballero, demuestra ser un hombre de muchas cualidades que puede agradar a cualquier mujer sensata. Considero ha centrado su situación relacionándola con el tema principal de la edad y, créame señor, no es así si lo piensa. No lo conozco, pero me duele mucho escuchar un hombre de su categoría hablar de esa manera. La vida presenta grandes y numerosas vertientes, cual fuente donde cada cual puede obtener su parte, solo es descubrirla y proponerse llegar a ella.

Joven, créame que nunca había compartido con una mujer de su edad y convicciones como las suyas. Mire, hace unos días pasaba por uno de los merenderos de la ciudad, había una pareja de adultos sentados afuera disfrutando del entorno y, de ellos, de su sentimiento de amor; sin embargo, pasaban unos jóvenes de pre – universitario en ese momento por allí y, fueron objeto de la más cruel crítica que he podido haber oído en mis años de vida.

Eso pasa señor, ellos no son capaces de pensar que esas personas también sienten, y padecen, y necesitan compartir, amar, vivir; sabe por qué? Pues, porque piensan que su condición de jóvenes va a durar eternamente. Pero no hay nada más socorrido que un día tras otro, todos llegamos cuando se nos permite llegar, tenemos que transitar por las distintas etapas de la vida y, desgraciadamente algunos se quedan en el camino.

Tiene toda la razón, que falta me hacía escuchar unas palabras como las que usted me ha dicho ¿Pudiéramos sentarnos unos minutos en el parque? No lo tome como una frescura mía ¡por favor!

Claro caballero, nada hay que me lo impida.

Bien, le decía sobre sus convicciones, hoy en su inmensa mayoría las personas no piensan como usted lo hace. Me maravilla compartir esta conversación; pero además, nunca pensé que a mi edad tendría la oportunidad de hacerlo de la manera que entre usted y yo han surgido las palabras. Sabe, he sufrido duros golpes, el último, la pérdida de mi esposa con la cual estuve unido en un exquisito matrimonio durante largos años. Disculpe que aun las lágrimas broten por mis mejillas, hace poco tiempo de los hechos, no puedo evitarlo.

No se preocupe... Señor.

Andrei, mi nombre es Andrei.

Señor Andrei, le dije no se preocupe. Lo entiendo. Mire, soy vigilante de carretera; sí, antes de que me lo pregunte admirado, oficial de la policía, con grados de teniente, mi nombre es Lissette y, mi trabajo lo desarrollo sobre una linda moto japonesa. Le muestro la foto.

Foto archivo

Sabes, estoy enamorada de esa moto que tengo asignada en mi trabajo. Considero que lo que no se haga con un toque de amor no puede dar buenos frutos ¿Y usted, trabaja aun?

Si muchacha y, como mismo sientes por tu trabajo, también lo siento yo. Fui abogado de una empresa y juez de una de las salas de lo penal de un tribunal provincial, ahora soy escritor. Siempre tuve esa inclinación que en aquellos momentos me fue difícil desarrollar por las responsabilidades que tenía que asumir en esos lugares; un día decidí jubilarme y dedicarme por entero a la amada literatura. Ahora, muy rápido, con mente de creador literario hago una comparación; yo a mis años, cultivando el arte de las letras con enorme satisfacción. Usted, una mujer joven, bella, por lo que he podido observar, por fuera y por dentro ¡Exquisitamente bella! Oficial de la policía, motorista de tránsito, cuya función principal es cuidar la vida de los demás. Yo, doy vida y la quito, hago y deshago en mis creaciones, conforme la imaginación me va guiando. Tú, Lissette – permíteme tutearte -, te dedicas a preservar la vida de tus semejantes ¿Verdad que es maravilloso? Creo que todos los días no se produce un hecho como éste.

Entonces Andrei, estás de acuerdo conmigo que la vida no puede encerrarse en un único patrón, que es sublime y, que somos nosotros los seres humanos quienes le damos la sazón.

Lissette, al principio estuve apenado, debes haberlo percibido, cuando me quedé mirándote y, me preguntaste si quería decirte algo. Entendí que lo hiciste para quitarte mi vista de encima, pero fuiste tan delicada y comprensiva conmigo; ahora ya no estoy apenado, no, de ninguna manera, sino agradecido por haberte conocido de la forma que fuera. A veces el destino se muestra algo burlón, pero, parece que luego se arrepiente y nos da una oportunidad. Tienes el don de la persuasión, me has convencido, aunque te voy a confiar algo: no volveré a mirar una mujer, menos una joven, de esa manera. Siempre no se tiene la misma suerte y, puede uno ganarse que le suelten un “viejo verde mirón”.

Ja, ja, ja. Después de todo eres gracioso, me das la razón, pero dejas una carta en la manga de la camisa. Me recordaste un cuento que me hizo un amigo hace años: fue sobre un hombre que había fijado en su conciencia que era un grano de maíz, por tal motivo temía salir al patio de la casa, pues, corría el peligro de que una gallina se lo comiera. Debido al estado de terror que se había apoderado del hombre, su familia decidió llevarlo a un psiquiatra. Así acudió numerosas veces a consulta, el médico le aplicó el tratamiento adecuado y, cuando decidió darle el alta le preguntó: ¿ya usted está convencido de que no es un grano de maíz? Entonces el paciente le respondió: si doctor, pero ¿la gallina también lo sabrá? Recuerda eres un hombre de gran talento y características especiales, no te debes limitar, la vida encierra grandes misterios y muchas oportunidades.

Perfecto oficiala, pero ¿la vida estará de acuerdo con eso también?

Ja, ja, ja, eres un cómico.

¿Me permites Lissette invitarte a ingerir un buen helado?

Sería maravilloso. Un helado que parta de ti, de tu invitación, que en su interior lleve implícito una creación que me diga que has dejado a un lado ese excesivo tiempo de duelo y, comienzas a retomar la vida como lo que es, un libro abierto, en el cual, buscas lo mejor para absorber a través de la lectura. Pero hoy, mi querido amigo, no puedo complacerte durante más tiempo, el deber se impone y tengo que prepararme para entrar a trabajar. Será, con mucho placer para mí, otro día. Te dejo en esta tarjeta mi dirección particular, visítame cuando lo desees, te estaré esperando.

Transcurrieron varios días.

Sí, enseguida acudo a abrir la puerta, un momento ¡por favor! Pero no toque más el timbre, ya voy.

¡Ah, eres tú! Lo hiciste a propósito para reírte de mí. Me volviste loca con tu toque reiterado. Dame un beso, para que me devuelvas la paz. Sabes, te traje con el pensamiento. Me debes un helado, no se me ha olvidado ¿fuiste a la heladería aquel día y lo tomaste en nombre de los dos? Pero pasa hombre, no te quedes ahí parado que interrumpes el tránsito, ja, ja, ja.

Si es que ni siquiera me has dejado hablar, mujer bella ¿Por dónde comienzo?

Bueno escritor, la inspiración es tuya.

Claro, claro. Sabes, toqué varias veces el timbre porque con él quería dedicarte una canción.

¿Te gusta la música?

Me inspira para sentarme ante la computadora a escribir.

Bien ¿qué te parece si entre los dos entonamos una canción?

Pero mi niña, que podría cantar yo a tu lado, echaría a perder cualquier canción. Además, mirándote así con ese short y la blusa a media espalda, lo que me inspiras es a escribir un exquisito poema a la belleza. Pero no me mires así, disculpa mi atrevimiento ¡caramba!

¡Qué te voy a disculpar! Me agrada tanto verte así.

No me has dicho Lissette de tu familia con quien compartes esta linda casa.

Pues, con mi hija de siete años, que en estos momentos está en la escuela, y mi mamá la recoge cuando salga. Ahora contigo, porque espero tenerte a menudo aquí. Me agrada mucho que compartamos, por tanto, hoy almorzamos juntos; así me libras de la soledad ¿Y tú con quién vives?

Caramba, no te de pena, te has puesto triste. Si quieres obvia mi pregunta.

No Lisy, es que vivo con la soledad.

Perdóname chico, mi intención no fue que volvieras al pasado. Piensa, has superado ese tiempo. No estás solo, me tienes a mí ofreciéndote un nuevo camino, una profunda amistad, créeme. Mi escritor favorito que escribes en el corazón de las mujeres que conoces y te quedas mirándola fijamente…ja, ja, ja. Bueno, no me has dedicado ni un verso, parece que con tu verbo me has configurado. Sí, no me mires de esa manera, me has configurado como a una computadora, porque tengo que confesarlo, a mí también me ha estado devorando la soledad. Apareciste tú, aquel buen día, mirándome tan atrevidamente, sin separar tus ojos de mí y, después, como dos colegiales recién conocidos sentados en el parque conversando tan amenamente; salí distinta de aquel encuentro, sabes Andrei. Eres magnífico, nunca había conocido a alguien como tú.

No Lissette, soy un ser humano como cualquier otro, lo que sucede es que no sé por qué causa me llamaste tanto la atención que me extasié en ti, pero una gente de mi edad… no debí hacer eso, te lo he dicho otras veces. Cosas de la vida, nunca lo había hecho. Me sacaste los colores de la cara cuando me llamaste la…

¡Eh, eh, hasta ahí! Fíjate, todo fluyó maravillosamente y, gracias a ello… Chico, somos lo que seamos capaces de ser, no te parece que interesante. La vida le proporciona a una cada sorpresa.

Ella se acercó a él y abrazándolo por la espalda, lo besó en la mejilla.

Tú no te imaginas el cariño que ha nacido en mí hacia tu persona, es inmenso Andrei y, deja que conozcas mi niña Leidys, y a Dolores, mi madre; podemos ser una familia, viniste a suplir lo que faltaba. Vivir en familia es estupendo, nosotras no tenemos a nadie más; ahora tú ¡no te das cuenta!

Oye letrista, ahora si te puedo aceptar que me lleves a la heladería ¿Puedes?

Sí, mi niña linda, pero antes quiero decirte algo.

¿Qué cosa?

Ella volvió a acercarse a él pasando su delicada mano por su cabellera.

Mira Lisetica, eres una mujer joven, con un futuro por delante, de la manera que te lo propongas lo tendrás y, se revertirá en algo bueno…

No se te vaya a ocurrir hablarme de nuevo de la edad, no quiero oírte hablar de eso, ni escribirlo, eres lo mejor que he conocido como persona, comprensible, el que siempre anhelé y nuca tuve a mi lado, ahora que puedo disfrutar de esa amistad tan especial pretendes privarme de ella, pues no.

Lissette, escúchame ¡por favor! Tienes treinta años, entre tú y yo existe una gran diferencia, tus intereses son distintos a los míos. La vida no perdona en ese aspecto. Antes yo pensaba que podía burlar sus designios, pero a medida que las hojas se van desprendiendo del almanaque, nos vamos dando cuenta que somos unos tontos, que el mundo está troquelado de una manera y con un sistema aplicado que los humanos no podemos modificar. Nacemos nos desarrollamos, somos útiles hasta cierta etapa, unos más que otros, luego envejecemos y finalmente morimos. No conozco a alguien que haya podido abstraerse a ese proceso. Puede ser la persona más bella y vista con títulos, propiedades, dinero en abundancia, todo lo que se pueda ostentar, mas, cuando llega su tiempo y su hora, nada le puede librar de ese desenlace. Llegará el momento en que yo seré un estorbo en tu corta vida, Lisetica; sí, vamos a mantener esta amistad que tan linda ha surgido, pero yo desde mi lugar, desde mi soledad, esperando la misericordia de Dios, y tú en el tuyo construyendo un hermoso futuro; puedes ¡te imaginas!

Ella, se dejó caer bruscamente sobre una de las butacas que formaban parte de la bien amueblada saleta de la vivienda. Dos gruesas lágrimas brotaron de sus ojos y rodaron por sus mejillas. Él conmovido fue hasta su lugar y la besó sobre las lágrimas.

Déjame sola Andrei ¡por favor!

¿No vamos a tomar helado, princesa?

No, no puedo.

Muy suavemente él acarició su mano entre las suyas y, sin experimentar la reacción que esperaba, lentamente, la depositó en su lugar. Tomó el portafolio y con pesados pasos, despacio como quien no quiere hacer ruidos, se encaminó hacia la puerta cruzando la amplia sala. Volteó la cabeza, pero ella continuó en la misma posición que la había dejado sobre la butaca. Sintió deseos de volver, abrazarla, besarla, cargarla, mimarla, pero tuvo temor, no de lo ocurrido, sino de sí mismo, y se marchó. Sintió dolor en el pecho, una fuerte presión en las sienes y sus ojos se humedecieron, hasta dejar que salieran las lágrimas discretamente.

Pasaron los días…

Una mañana en que transitaba en el vehículo de su propiedad por una de las avenidas de la ciudad, abstraído en sus pensamientos, no se percató de la señal de PARE ante la cual debió detener el auto y cerciorarse de que la vía se encontraba libre para continuar; así como el paso peatonal. Andrei, no se había dado cuenta que detrás de él también discurría una moto de la policía cuyo motorista velaba el cumplimiento de las leyes del tránsito y, quien al observar la infracción cometida, accionó la sirena y le ordenó parquear.

Foto archivo

Él lo hizo disciplinadamente, pero cuando hubo de bajar del vehículo y levantó la vista, tenía parada en frente a la tenienta Lissette, quien lo miraba tan fijamente como él cuando la primera vez que se conocieron.

Escritor sinvergüenza de mi vida, al que velan no escapa ¿verdad? ¡Dame un abrazo!

Lisetica, princesa, mi niña bella, no tengas pena mi vida, sé que cometí la infracción, cumple con tu deber. Desde que dejé de verte ando como un zombi.

Y yo me alegro grandemente, para ponerte las esposas.

¿Me vas a esposar por una infracción del tránsito donde no hubo ninguna consecuencia?

Sí, te voy a esposar para que me lleves a saldar una vieja deuda.

¿A dónde?

A la heladería, termino ahora mi turno, vas detrás de mí y venimos juntos en tu auto. Pero antes tengo que multarte, mira como las personas se han aglomerado y están mirando este drama.

Es cierto y, realmente cometí la infracción, toma mi licencia de conducción.

Ya está, te devuelvo tu licencia.

¿Y el talón para pagar la multa?

No te preocupes que esa la pago yo.

No es posible Lissette, el infractor es quien debe pagarla.

Esta es una excepción ¡Vamos!

En la heladería

Todos nos miran y es por ti, uniformada de motorista, vigilante de carretera de la policía.

¿No te agrada?

No, me encanta. Nunca pensé tener esa experiencia, la voy a escribir.

¿Serías capaz de hacerlo? De ello pudiera salir una novela de amor, diferente a las que comúnmente son vendidas, televisadas o radiadas.

De todas formas te voy a poner las esposas, recuerda que te lo dije; así no te podrás ir como en la otra ocasión y, entonces si llamarías la atención, ja, ja, ja.

Te creo capaz de hacerlo, niña loquita, toma la llave del auto,

¿Para qué?

Esposado no puedo conducir.

¡Ah, sí! Te gusta complacerme en mis locuras.

Por poco me infarto cuando salí de tu casa aquel día.

¿Por qué no volviste si tanto te dolió?

Me daba vergüenza.

Bueno, ya eso pasó. Llévame al parque, quiero conversemos un rato como al principio de conocernos y, esposarte.

¿Lo harás de verdad?

Ya verás. Lo tomó por un brazo y asiéndose a él se encaminaron al parque situado al frente de la heladería. No faltó quienes salieron a mirarlos.

Te las voy a poner porque te extrañé mucho. Pensé que no te vería más; en cada turno de trabajo te he buscado por todos los lugares que frecuentas, mas, no te encontré. Estaba reservado que te detuviera y me impusiera de manera impactante ¿Te asustaste?

No, como acabas de decirlo, me impactaste.

Sin Andrei darse cuenta, en medio de la conversación y el regocijo de estar de nuevo cerca de ella, lo había esposado a la muñeca de su brazo; en eso un uniformado de su mismo cuerpo militar.

¿Tenienta, necesita usted ayuda con ese hombre esposado a su brazo?

Ella, sin esperarlo, algo nerviosa, contestó lo que acudió a su mente o quizá lo que su subconsciente le indicó. No capitán gracias, él es mi esposo.

¡Ah! Está usted garantizando no se le vaya, ja, ja, ja. ¡Qué bueno está eso! Nunca se me había ocurrido, no se lo diga a mi esposa.

Aun riéndose, el capitán le extendió su mano a Andrei, y continuó su camino.

¿Lissette, qué has hecho? Le dijiste al capitán que soy tu esposo.

Sí, fue lo que me vino a la mente en ese momento ¡Te imaginas! No esperaba esa visita. Además, en definitiva soy soltera, no engaño a alguien, y a nadie le importa. Nuestras vidas no deben tener límite para con nosotros mismos, por qué esconderse, de quién, por qué no vivir como se nos antoje. Que te haya esposado no daña a nadie, lo hice y tú me lo permitiste.

Aprovecho para preguntarte: ¿aun quieres mantenerte separado de mí pensando en los obstáculos que creaste en tu imaginación? Podemos crear, escritor, la novela más linda del mundo, para satisfacción nuestra, y nadie tiene que inmiscuirse en ello ¿No lo crees?

Voy a hacer lo que quieras mi princesa, si lo rechazo me hago daño. Creo tengo puesta las esposas en el corazón que únicamente tú has logrado devolverlo a la vida, mi niña revoltosa. Seré tu incondicional amigo.

¿Lisy, y si mañana el capitán te ve compartiendo con otro hombre?

Bueno, pensará que estoy echando una cana al aire ¿Ustedes no lo hacen? El derecho es de ambos ¿no? Ja, ja, ja.

Eres tremenda, está bien, no voy a coger lucha, contigo no se puede. Debí imaginar me responderías así, loquita.

Oye, no te pases, yo soy muy seria y en mi trabajo más. Ese capitán es mi jefe. El jefe de la motorizada; así que, ante la policía eres mi esposo, compórtate.

Se reirán de ti cuando ese hombre haga el cuento en la unidad y...

No hables más, sé por dónde vienes. Chico, estás acomplejado, ya quisieran muchos hombres ser como tú, acaba de salir de tu encierro.

Lo tomó por una de sus manos. Te diré algo que no conoces.

¿Qué cosa nueva, Lisy?

Soy psicóloga de profesión y considero que independientemente del tiempo de duelo que atraviesas, además demasiado prolongado, hay un trasfondo mental que me ocultas, he sido sincera contigo en cuanto a mi vida, saca a la luz lo que escondes, vamos a identificarnos abiertamente, en mí tendrás una tremenda ayuda, y lo que posiblemente nunca hayas tenido, te lo aseguro.

Tengo que confesarte Lissette que, hace mucho tiempo no me había sentido tan bien como en este momento, la verdad es que me has sacado de la oscuridad en que vivo. Te lo agradezco princesa y, pienso que ahora no debo de echar a perder lo que tanto bien me ha hecho, permíteme hablar de ese engorroso tema otro día.

Si me prometes que en corto tiempo lo harás; que abrirás las puertas de ese cofre de emociones que tienes tan oculto y, me dejarás meterme en él, estoy de acuerdo.

Te lo prometo, mi angelita caída del cielo. Ahora quítame las esposas.

Si caminamos un rato por el parque, te libero de ellas. Tenemos a la gente loca de la curiosidad, ya ni se imaginan qué está sucediendo...

Tomó la llave de su cinturón y accionándola hizo abrir el artefacto dejando libres ambos brazos, el de ella y el de él, luego se asió al de Andrei y, juntos comenzaron a pasear por el parque, conversando, comentando sobre las plantas de flores recién sembradas, los autos que discurrían por la calle cercana, etc., la atención de todos y todas.

Al rato... Creo Lisy que ya debemos retornar.

Sí, llévame a la casa, pero te quedas a cenar con nosotras; así te familiarizas con mami y la niña.

Está bien, está bien, no voy a contradecirte, vamos hasta el auto.

Imagen Enciclopedia Wikipedia 2018.

¡Qué bello está tu auto, Andrei, me encanta!

A mí me gusta mucho Lisy, es un Tesla S, eléctrico, del año 2013; un gran auto.

En la casa, una vez realizada las presentaciones que ella llama de rigor muy parecido a la disciplina de la unidad donde labora, las cosas comenzaron a fluir como lo había soñado. Increíblemente, parecían una familia constituida hacía varios años. Cenaron y luego se reunieron en la terraza para compartir.

Dolores se interesó grandemente por la novela que Andrei se encontraba escribiendo y hasta le aportó algunas ideas producto de su experiencia como maestra. El tiempo avanzó sin que los presentes se dieran cuenta, solo Lissette lo había percibido, pero lo situó en el lugar de su cómplice, indudablemente su cariño hacia aquel buen hombre se había convertido en incalculable.

Fue él quien se percató de la avanzada hora y, haciendo una exclamación de admiración, se dirigió a ella: Lisy, no me alertaste de lo tarde que es ya, debo irme, he abusado de la confianza que ustedes me han dispensado ¡Eso me apena!

Por qué razón, acaso no te has sentido bien entre nosotras, conversando todo el tiempo y, con una formidable admiradora de tu obra en curso.

Sí, en realidad hoy ha sido un día maravilloso. Pero…

No cabe ningún pero, la niña se acostó como de costumbre para mañana levantarse a la hora de prepararse para ir a la escuela. Mami y yo, estamos acostumbradas a ir para la cama tarde. Vamos para abrir la portada del jardín y del garaje para que guardes el auto; así mañana me ayudas a llevar la niña a la escuela, allí pueda que veas al capitán llevando a su hijo y corrobore la noticia que hoy le di, pues, él no te conocía. Ja, ja, ja.

Lo único que me falta es que me lleves para tu cama.

Sabes, no está mala la idea; así podemos continuar conversando y dándonos un poco de calor, hace frío ¿Te vuelvo a poner las esposas?

Ambos se miraron y rieron alegremente.

No te preocupes chico, tengo dos habitaciones vacías, una es tuya ya, para cada vez que quieras quedarte, no tienes que anunciarlo.

A la mañana siguiente, después de ingerir el desayuno.

¿Bueno, quién va conmigo a llevar la niña? Voy a sacar el auto del garaje, en pocos minutos estaré listo.

Voy contigo, mi vida. Enseguida estamos afuera.

De regreso ¿Cuándo nos volvemos a ver? ¿Por qué no te quedas y adelantas la obra en mi computadora? Puedes copiarla del disco externo a la máquina, tengo bastante capacidad en ella.

Sí, puede ser mi niña, pero, tengo una cantidad de apuntes y datos extraídos de las enciclopedias, necesarios para continuar el trabajo que, me hace ir para mi despacho en la casa.

Bien, vienes a almorzar.

No mi vida, debo aprovechar el tiempo, entiéndeme.

Entonces, puedo ir para allá después de almuerzo; así te acompaño y, te ayudo en algunas cosas de la casa.

Está bien, te espero. Un beso, despídeme de tu mamá.

Solo en su despacho. Caramba, tengo datos para continuar escribiendo. Venía en el auto con unas cuantas ideas dándome vueltas en la memoria, sin embargo, no me concentro, no puedo despojarme de todo lo ocurrido en el día de ayer. Me sentí tan bien al lado de la familia de Lisy, y de ella por supuesto, de sus locuras, cuántas personas se harían disímiles y falsas ideas cuando me vieron esposado junto a ella. Y el capitán, ja, ja, ja, después de todo tengo que reír ¡Su esposo! Y él se lo creyó, Bueno, no tiene por qué dudarlo, ella es una mujer y yo un hombre. Por qué esta bobería de parecerme extraño, cuántos matrimonios he conocido en las mismas condiciones, y son felices. Por qué no puedo serlo yo. Sé que ella me está manejando con mucha cautela y delicadeza, me quiere ayudar y yo poniendo tantos obstáculos, encerrado en un pasado que no está a mi alcance, solo el recuerdo ¿Será que Lisy se ha enamorado de mí, o yo de ella? No eso si no es posible, pero además, si así fuera como podría desenredar esa madeja; que va, nunca me atrevería a… y si pierdo su amistad, su magnífica amistad por creerme lo que no es y errar ¡Ño, estoy en una encrucijada! Hasta ayer que la tuve tan cerca de mí no me había percatado de eso.

Se levantó de la silla giratoria frente a la mesa de trabajo y, salió a caminar por el jardín. Así no puedo hacer nada. Ahora si estoy embarcado, ahorita llega ella, y si me pregunta sobre lo que he avanzado ¿qué le digo? No he hecho nada. Si estuviera de pesca sería como el que se pasa la noche sobre el bote tratando de coger algo y el anzuelo regresa vacío.

Ya sé, salgo y le dejo una nota diciéndole que tuve que ausentarme por algo de fuerza mayor.

No, no, no puedo hacerle eso a Lisy, estoy seguro que ella no me lo haría a mí. Además, sabe Dios con que deseo ella se está preparando para estar conmigo y, ayudarme en las cosas que nosotros los hombres no resolvemos en una casa. Sería un basura si hiciera eso. Ya sé, le digo la verdad y, le pido ayuda, quizá lo valore como un estado mental en que me encuentro producto de la situación que atravieso; pero, y si le da por reírse de mí y en su condición de psicóloga descubre que me está invadiendo otro sentimiento que... No, ella no es adivina, no puede meterse así en mi cerebro. Creo que me estoy castigando tratando de esconderme detrás de una nube que finalmente ha de pasar o precipitarse dejándome a la vista de todos.

Ha pasado el tiempo, no he hecho ni un disparo, ya es hora de alimentarme y tampoco he elaborado algo para saciar el apetito. Ella está allegar. Tendré que decirle una de esas "mentiras piadosas", sí, decirle que ya ingerí algún alimento; pero, con relación a la novela no puedo mentirle, puede entrar a la máquina y darse cuenta, a ella le gusta ver lo que escribo.

Ya está a la puerta ¡Qué apuro!

Buena tarde cariño, ya estoy aquí cumpliendo lo prometido y sin apuro, mami se encarga de buscar la niña en la escuela más tarde y luego tú y yo nos vamos a cenar allá. Me dijo que te dijera que va a elaborar una comida especial basada en lo que conversaron ayer tú y ella al respecto. No has almorzado, lo supuse, es verdad que las mujeres tenemos un sexto sentido, eso no falla. Mira, te traje almuerzo, ven para que lo comas, todavía está a buena temperatura para ingerirlo.

Caramba – pensó Andrei – si le hubiera dicho alguna mentira no me lo perdonaría, me estaría barrenando la conciencia todo el tiempo.

¿Qué piensas mi escritor bello? ¿No te gusta lo que te traje?

Si supieras que no mi vida – ella cambió el rostro -, no me hagas caso, me encanta, solo lo dije para fastidiar.

¿No te dio tiempo a hacer algo para almorzar? Seguro te metiste tanto dentro de la escritura que transcurrió el tiempo sin darte cuenta, eso sucede ¿Puedo ver lo que escribiste?

No oficiala.

¿No puedo ir a la máquina para leer algo…? ¿Qué sucede Andrei?

Tantas cosas Lisy. En realidad no he hecho nada, toda la mañana aquí pensando sin escribir ni una tilde. Luego, me di cuenta de la situación que me invadía y salí para el jardín hasta hace unos minutos que entré y llegaste tú.

¿Te quedaste en blanco o no coordinabas las ideas?

Lisy, tengo que hablar contigo de muchas cosas y especialmente de lo que me sucedió hoy aquí en este desierto. Pero, te soy sincero, tengo temor.

¿No confías en mí?

No es problema de confianza Lissette, es mucho más, pero ¡por favor! déjame estabilizar las ideas para entonces poder darte participación de todos los sucesos ocurridos en mi vida que me laceran y, desde luego, terminar con mis sentimientos.

Está bien, no quiero que te sientas mal mi cielo. Déjame fregar la losa, eso es rápido, y te sugiero salgamos a caminar un rato, donde tú quieras, pero desconecta.

Sentado en la sala, Andrei esperaba sumido en sus pensamientos.

¡Ya estoy lista! Cuando quieras nos vamos.

Espera un momento Lisy, con la conversación de lo que me ocurrió no me había percatado lo bella que andas. Sabes, con el uniforme te ves muy interesante, pero así, en vez de regular y hacer cumplir todo lo relativo con el tránsito, lo que haces es paralizarlo. Estás como nunca te había visto.

¡Qué exagerado eres! Parece que ya te repusiste del estado en que te encontré.

¿Quién no con una hembra que deja ensimismado a cualquiera?

¿De verdad estás pensando así?

Vamos, no quiero complicarme, dame tu brazo para no correr peligro.

¿Te sientes mal, acaso mareado?

No, el peligro es que te rapten de mi lado.

Chico, me asustaste, quién se atreve, nunca ha sucedido cosa igual.

¿Qué te parece si caminamos un rato y luego vamos a ver la exposición que se exhibe en el Centro de Arte?

¿Hoy no traes las esposas?

No, te recuerdas ¡Qué locura! Mami no sabe eso, ni se lo digas. Vamos donde tú quieras.

¡Andrei! Cuando pasaban frente a una de las tiendas de ropa enclavadas en el centro de la ciudad, Angelito, su amigo, lo vio y llamó.

¿Amigo, cuánto tiempo sin verte, estás de vuelta acá en nuestro terruño?

Así es Andrei. Y ella. No la conozco ¿es tu esposa?

Pues, sí, hace poco contrajimos matrimonio, sabes, fue algo muy peculiar, ante la policía.

¡Cómo ante la policía, no te entiendo compadre!

Sí chico, es que ella es oficiala de ese cuerpo militar y así nos casamos. Su jefe nos casó.

Eso es nuevo. Creo que me has dado la pauta para escribir sobre ello, digo, si tú no lo has hecho.

Mi amor – se dirigió Andrei a Lisy quien no salía de su asombro -, Angelito también es escritor, hace unos años se fue a residir a la capital del país y no nos veíamos.

Es un placer Angelito.

Bueno, vamos a sentarnos a compartir en alguno de los centros turísticos cercanos. Dime ¿vendiste el Tesla?

No, tú sabes que ese auto es parte de mi existir, ahí lo tengo, como la joya que conociste. Te pedimos disculpas, pero mi esposa y yo tenemos que resolver unos asuntos, podemos vernos otro día; toma mi tarjeta y llámame cuando lo desees.

Perfecto hermano, venga un abrazo. Señora es un placer haberla conocido, cuídeme a ese hombre tan valioso.

Angelito desapareció de inmediato y, Lissette se quedó mirando a Andrei fijamente. Él recordó cuando se conocieron, también mediante una mirada fija.

¿Y ahora, qué vas a escribir? No pudiste hacerlo en la mañana, pero ahora acabas de hacerlo en mi corazón, no como con el capitán, meditada y directamente. Tu amigo lo comentará con los otros.

Discúlpame, creo que me excedí. No debí hacerlo. Pero, ahora estamos casados ante la policía y los escritores ¿Qué te parece?

Ja, ja, ja, es increíble las cosas que están sucediendo a nuestro alrededor, lo primero que me da gracia es que la gente no puede ver un hombre y una mujer juntos si no los hace pareja. Pero, no te preocupes, somos especiales ¿Verdad?

Lisy, he pensado tanto en ti hoy, hasta el extremo que no pude escribir una letra tan siquiera. Las cosas que han sucedido y lo que me has dicho, sobre todo ayer en el parque y en la casa me han estado martillando el cerebro, pero, no para mal, al contrario, experimenté una paz interior increíble, sentí la necesidad de tenerte cerca, a tal extremo sucedió todo que ni cuenta me di que el tiempo pasaba y no había preparado nada para alimentarme.

Tú sabes que eso me complace, pero, tenemos una conversación profunda pendiente.

Sí, y considero no debe dilatarse mucho, ya es como una mujer puesta a parto, tiene que parir o estalla.

Vamos a buscar el auto para ir con tu mamá a buscar la niña; siento necesidad de estar en familia.

Continúas complaciéndome Andrei. Nunca creí que llegáramos hasta tal punto. Me agrada tanto.

De nuevo en el hogar de Lissette:

Lisy, si me haces el favor de abrirme la portada entro el auto para luego guardarlo en el garaje.

Por supuesto escritor de mi corazón, de inmediato la abro.

Ambos solos en la terraza:

¿Te sientes bien?

Hoy, mi pensamiento salió del sendero acostumbrado y me pide transitar por nuevos caminos; la mañana fue algo inexplicable para mi Lisy, te extrañé tanto. Es verdad que tengo que abrirme a ti, mostrarte la transparencia de mi vida que aún la rodea algunas penumbras.

¿Cuándo empezamos esa conversación pendiente que sé te va a liberar de los recuerdos que te atan a un pasado tortuoso? Mañana trabajo todo el día. Quiere decir que si no lo haces esta noche deberás esperar a que regrese. No quiero tampoco presionarte, cuando te sientas en condiciones de hacerlo, esperaré todo lo que necesites ¿Me vas a llevar a la unidad por la mañana?

Claro princesa, y si es esposado mejor, ja, ja, ja. Nunca se me podrá olvidar tu ocurrencia, ni la cara que puso el capitán cuando nos vio.

A mí tampoco la presentación que de mí le hiciste al escritor amigo tuyo, solo me hace falta saber si brotó del corazón o de la imaginación para desquitarte.

Nunca podré ir a una revancha contigo Lisy, salió de lo más profundo de mi ser.

Eso dice mucho, no estaba creando. Pero, pienso que ello será parte de nuestra conversación ya tan apetecida. Te propongo que nos preparemos, pues, ahorita mami nos dará el campanazo para que vayamos a la mesa a cenar.

Tienes razón. Tú primero, cuando salgas del baño entonces entraré yo.

Aceptado.

Posterior a la cena:

¿Piensas salir a algún lugar, o entras el auto al garaje?

Si te parece quisiera me acompañaras a hacer una visita. Necesito ver a una amiga, también escritora, me prestará unos libros donde nutrirme de alguna información importante para la obra que escribo.

Claro, te acompaño. Dame unos minuticos para prepararme.

De regreso a la vivienda, Lissette, pidió a Andrei sentarse un rato en el parque central de la ciudad, lo cual fue concedido muy caballerosamente por él.

Quiero me complazcas en algo Andrei.

¿En qué mi cielo?

En sentarnos en el banco donde tuvimos nuestro primer encuentro cuando nos conocimos.

¿Si mal no recuerdo, era éste, no?

Tienes excelente memoria, sentémonos.

Sin decir nada más, ella, quedó mirando el rostro y especialmente los ojos de Andrei, quien estuvo como en un éxtasis durante unos minutos. Entonces tomó una de sus manos y:

¿En qué piensas?

No creas que me trasladé al pasado, sino al día cuando nos conocimos. Lisy, me impactaste de tal manera que no pude controlar mis impulsos, pero luego me dio vergüenza cuando te dirigiste a mí.

Yo lo supe, y tenía que dártelo a conocer de alguna manera, para además poder atraerte hacia mí y conocerte.

¿Entonces el atrevido no fui yo solamente…?

Ja, ja, ja, y tú creías que iba a perder la oportunidad de sentarme en el parque con un hombre tan elegante e interesante. Nada de eso, allí había muchas mujeres, esperando alguna de ellas, quizá, para hacerlo. Hubiera perdido el juego sin jugar ¡Te imaginas!

Fue él quien entonces le acarició la cabellera en un gesto de cariño que ella asimiló con placer. Lisy, nunca me arrepentiré de haberte conocido; sería mucho pedirte que no te apartaras de mí, por lo menos hasta que estabilice mi estado emocional.

La ternura con que ella lo miró fue el mejor léxico que pudiera percibir, no obstante: Solamente Andrei, dejaría de estar a tu lado ayudándote en todo lo que necesites si me lo pidieras.

Gracias, bella princesa. Así, volvieron al auto que aguardaba contiguo al parque, ella asida al brazo de él, regresando a la vivienda.

¿Me abres la portada mi cielo?

Enseguida - bajándose del vehículo para complacer la petición de Andrei -.

Una vez en el interior de la casa, ingirieron una simple merienda y ambos se dirigieron a sus respectivas habitaciones, despidiéndose antes.

Recuerda, pa´, te llamo temprano para que me lleves a la unidad.

Si mi vida, lo prometido es deuda. Hasta mañana.

En la mañana del día siguiente:

Desayuna con calma amor, todavía tenemos tiempo y la unidad no está muy distante, en el carro no debe ser más de quince minutos de camino.

Bien, sentémonos a desayunar princesa ¿y mamá?

Está preparando la niña para llevarla a la escuela.

De camino para la unidad de policías donde Lisy cumpliría su turno de trabajo; mi niña tengo que decirte algo, ayer me sentí muy bien a tu lado, y anoche cuando nos íbamos para las respectivas habitaciones me hiciste pensar tantas cosas cuando me dijiste pa´.

De verdad Andrei, fue una palabra de sumo cariño, tú significas tantas cosas para mí que a veces no tengo como expresarlo ¡Por favor, no lo tomes negativamente! ya te dije que para mí el tiempo no existe.

No, tranquila, no me pareció mal, me regocijé con tu expresión.

¡Ah, Que tranquilidad, gracias a Dios!

Llegamos mi vida ¿hay otras mujeres también vigilantes de carretera como tú?

Si pa´, somos cinco, pero prohibido fijarte en las demás.

No te preocupes, mi niña, es que están allí paradas mirándonos como yo a ti cuando te descubrí aquel día.

¡Ah sí! Pues entonces – sin él esperarlo, ella se inclinó hacia hasta su rostro y depositó un beso en la comisura de sus labios, bajándose del vehículo sin que hubiera tiempo de pronunciar palabras. Cuando pasó cerca de la ventanilla del chofer – sin detenerse -, le dijo: y si quieren vayan a preguntarle al capitán, ja, ja, ja.

Al llegar donde sus compañeras:

Felicidades tenienta ¡nos unimos a tú bienestar!

Demoraste en seleccionar tu pareja, pero, bueno vemos que tuviste una acertada decisión.

Amigas, la vida le guarda a una, sorpresas y, ya pudieron observar.

Una pregunta ¿si se puede Lissette?

Claro que sí Mayra, pregúntame.

¿A tu pareja no le desagrada que seas motorista de la policía?

Sabes, eso tiene varias respuestas, pero te las voy a dar en un momento antes de que formemos para recibir el turno de trabajo, mira: él es un hombre libre de prejuicios, un profesional que a la vez es un intelectual, poeta y escritor, pero lo más importante de todo, muy comprensible y me ama como yo a él, quiere a mi niña y a mi madre. Se ha integrado a la familia…

De verdad, recibiste un premio, me alegra mucho amiga.

Gracias Mayra.

Y se acabó la charla muchachitas, ya tenemos que ir a formar para comenzar a trabajar.

Mientras:

Creo debo ir a trabajar un poco en la novela que tengo en fase de creación, me siento mucho mejor; así cuando llegue la hora de salida de su turno de trabajo estaré allí para recogerla. Le voy a dar la sorpresa, ella no lo espera. Me sorprendió esta mañana con la actitud que tuvo ante sus compañeras de unidad, será que realmente nos estamos amando; yo soy bastante mayor que ella, sin embargo no quiere que ni lo mencione y en realidad… bueno, no puedo mentirme, se ha metido en mi corazón, pero siento cierto temor. Considero que esa conversación que tenemos pendiente, y que le he dado a propósito bastante tiempo para que se produzca, puede ser definitoria en toda esta situación. Aunque de todas maneras tiene que producirse, ella no lo olvida y me insiste a menudo sobre ello, su preparación profesional en psicología la lleva a incursionar en los problemas y situaciones de esa manera.

Bien ya llegué, ahora a guardar el auto en el garaje y a trabajar, debo adelantar que en estos días a causa de mi estado de ánimo he perdido bastante tiempo. Mi estado de ánimo! caramba, me ha venido a la imaginación utilizar esta situación en la trama de la obra novelística, y si se lo digo a ella, quizá me ayude con algunas ideas; las mujeres tienen un sexto sentido.

Sobre las 12 meridiano, el timbre del teléfono lo hizo volver a la realidad.

¡Caramba! Dígame, buena tarde.

Es Dolores, Andrei ¿Espero por usted para almorzar?

Bueno… Está bien Dolores, en unos minutos estoy allá ¿Hay que recoger la niña ahora?

No, no se preocupe, gracias. Hasta por la tarde no termina en la escuela. Lo espero.

Salió del despacho, cruzó la saleta de la casa, la amplia sala amueblada aun a la manera de la que partió al infinito dos años atrás y, con la disposición que ella prefería en relación con las ventanas de la misma. Se detuvo un instante y quedó mirándolos, para continuar hasta el garaje y tomar el auto color azul, marca Tesla en dirección a la vivienda de Lisy.

En el trayecto, una nueva llamada por el móvil. Dime Lisy ¿cómo te va en el trabajo hoy?

Estoy cerca de la casa Andrei, en La Avenida y calle Luz del Sol ¿qué haces?

Bueno, voy en dirección a tu casa, tu mamá me llamó para que fuera a almorzar con ella. No te vayas de ahí, estoy llegando a esa dirección; así te veo y continúo.

Está bien pa´ te espero.

Te ves de lo más linda al lado de la moto parqueada, princesa. Y de color blanco, como me gusta a mí ¿Te la cambiaron? ¿Almorzaste?

Si, fui al comedor de la unidad hace una media hora más menos. La moto es nueva, me la asignaron a mí por el buen trabajo que he realizado.

Perfecto que bueno. Si no almorzaste te traigo el almuerzo.

Eres especial pa´. Te voy a decir un secreto, acércate un minuto a la ventana de la puerta. Depositó un beso en su cara, ese es el aperitivo con cariño. ¿Cómo te has sentido hoy, hiciste algo en la novela?

Deja que veas, nos hemos convertido en los protagonistas de la obra, es estupendo la vuelta que ha tomado; creo ya no es necesario que conversemos como habíamos acordado.

No me digas eso pa´. Esa conversación es muy necesaria.

Está bien mi niña, como tú quieras, voy a continuar, tu mamá me espera.

Cuanto me place que mamá te haya llamado y vayas a compartir los alimentos con ella. Chao, a la tarde nos vemos.

Siete de la noche, el auto Tesla color gris plata, conducido por Andrei discurría por las calles de la ciudad hacia la Unidad de Tránsito, donde Lissette entregaba el turno de trabajo al pelotón que entraba para trabajar ese horario.

Una vez frente a la misma parqueó en el lugar adecuado y esperó pacientemente.

Lissette – le dijo una de sus compañeras -, te están esperando afuera.

¿Sí, quién? ¡Ah! es Andrei ¡Qué bueno! Estoy algo exhausta.

¡Qué oportuno eres mi cielo!

No me pasaste un mensaje mi princesa; me llegó y rápidamente salí para acá a socorrerte.

¿Un mensaje, por el móvil? No recuerdo haberlo hecho.

Telepático Lisy.

¡Ah! Es que a esta hora salgo de la guardia, pero el bobo entra, ja, ja, ja.

Un beso… Eres bello.

Andrei puso el auto en marcha de regreso a la vivienda de Lisy.

¿Pudiste trabajar en la novela, mi vida?

Sí, adelanté bastante.

¿Le incorporaste de alguna manera el incidente de hoy?

Algo parecido, pero estoy esperando la oportunidad para insertarlo con mayor elegancia. No te preocupes, está previsto.

¿Te quedas en casa? ¿Cuándo vamos a conversar sobre nosotros? No evadas más ese necesario “acto de compatibilización”, así le llamo para mí.

¿Estás muy interesada en ello?

Bastante, no me gusta mentir, ni que me mientan y, sé esa historia nos va a hacer mucho bien a los dos.

¿A los dos? ¿Por qué a los dos? Hasta el momento el afectado soy yo.

Llegamos pa´, no apagues el motor, voy a abrir la portada para que entres el carro.

Hola mi niña linda y mi madre insuperable. Les traigo muchos besos, acérquense para dárselos… Hubo otra persona que los recibió primero, pero se los vuelvo a dar. Mirando a Andrei fue hasta él y lo besó. Voy para el baño, en unos minutos estoy con ustedes a la mesa; traigo tremendo deseo de cenar.

No tuvieron que esperar mucho tiempo.

A ver pa´, yo sé que te agrada que te sirva, voy a cumplir esa tarea. Ves mamá. Lo tengo malcriado, pero él se lo merece ¿Verdad mi vida?

No me dejes caer nunca Lisetica…

De verdad piensas que pueda hacerlo. Remóntate a cuando nos conocimos y dime si puedes pensar así.

No lo coacciones Lissette.

No mamá. Que lo diga él.

No mi vida, es bromeando contigo. Vamos a cenar, que me incentivaste el apetito y tengo puesta la alarma en el estómago.

Luego de efectuar la cena y realizar algunos quehaceres en la cocina junto a su mamá:

Ven pa´, vamos a sentarnos un rato en la terraza, si me acuesto ahora me duermo y, comí bastante, no debo hacerlo.

De verdad pa´, me dolió esa frase tuya. Creo tú no has catalogado mis sentimientos hacia ti.

No Lisy, olvídate de eso, te dije que fue una broma. Me vas a cohibir de jaranear contigo. Caramba, es unos de los pocos momentos agradables que se me ocurren; soy jaranero, créeme.

Le tomó sus manos.

¿Me vas a esposar nuevamente?

Te voy a poner un grillete.

Está bien, ya casi lo hiciste aunque no sea de metal.

Falta un poquito pa´ ¿Mañana puede ser?

Él se quedó mirándola fijamente – como la primera vez -, su mente fue invadida por aquel momento en que la vio tan linda. En el instante que emergió de su interior el hombre acosado por la soledad penitente y el sufrimiento.

¿Estás meditando sobre lo que has de hablar?

No, me trasladé al pasado reciente. Al parque central cunado te conocí; me impactaste Lisy, no pude evitarlo. Fui indiscreto, discúlpame, pero no pude dominar el impulso que me dominó cuando te vi.

¿Había unas cuantas mujeres, por qué yo?

Porque eras la más bella Lisy, luego tu trato tan afable. Me pareció que nos conocíamos desde tiempos atrás, esa noche me acosté y me dormí pensando en ti, atraído por tu imagen y comportamiento para conmigo.

¿De verdad? Eso nunca me lo habías dicho. Te lo tenías bien guardado ¿Y ahora por qué me lo dices? Respóndeme.

Porque mañana vamos a conversar.

Entonces vayamos a dormir para que el tiempo pase rápido. Hace rato quiero que lo hagamos, es necesario Andrei.

Quien primero visitó a Lisy en su lecho deslizándose por la ventana de la habitación, fue el amigo sol.

Caramba, estaba tan cansada que dormí toda la noche. Voy a levantarme para cuando Andrei salga de su habitación tenga todo preparado. Mami y la niña ya deben estar en pie para salir para la escuela en breve.

¡Eh! Creía que me había levantado primero para esperarte con el desayuno preparado y, ya estás en pie ¡Buen día!

Buen día, Lisy ¿Dormiste bien?

Toda la noche pa´, estaba necesitando de la cama. La jornada de trabajo ayer fue agotadora ¿Ya desayunaste?

¿Cómo crees que pueda hacerlo sin ti encontrándote en la casa mi niña?

Es verdad, lo sé. Fue una pregunta de rutina. Vamos a la mesa.

Quiero que me acompañes a mi casa cuando terminemos de desayunar ¿Puede ser?

¿Si lo deseas, pero con qué objetivo?

El de efectuar nuestra prorrogada conversación, quedamos que la realizaríamos hoy ¿No? Pero, quiero que sea en privado.

Puede ser aquí Andrei, tenemos lugar para ello sin que alguien nos moleste. Pero, está bien, vamos a tu casa; así te hago una limpieza cuando terminemos, está haciendo falta.

¡Bien, llegamos!

¿Nos sentamos en la terraza, pa´?

Donde desees princesa, tenemos todo el espacio habitacional para nosotros.

¡Soy toda oído!

CONFESIÓN DE ANDREI

De verdad Lisy, me apena abordar este tema que tantos recuerdos y puntos débiles acuden a mi mente.

No creas que no lo sé Andrei, pero ten presente que tú y yo hemos llegado a un punto donde convergen dos asuntos vitales: primero: ayudarte en todo lo que pueda para sacarte de ese bache en que has caído, no solo te aqueja el tiempo de duelo que insoslayablemente hay que enfrentarlo, algunos y algunas pueden hacerlo sin mucha afectación para su psiquis, a otros y otras les lacera de tal manera que necesitan de ayuda especializada, digamos de un psicólogo o psiquiatra, pienso que ese no es tu caso realmente, es lo segundo que he podido valorar en ti: un sentimiento de culpa arraigado de tal manera, que te afecta y, no has podido arrancarlo del lugar donde se encuentra en tu cerebro haciéndote daño y, ubicándolo donde constituya un recuerdo sí, pero no morboso. De todas maneras, hoy, es un día decisivo para ti, en el que debes tomar una decisión favorable y aplicarla a toda tu vida. Creo, así, quizá podamos entender el eclipse de nuestras vidas, donde uno de los dos se ha interpuesto entre el camino a recorrer y, el por qué lo estamos recorriendo juntos, como si una fuerza superior invisible nos estuviera llevando de la mano; ese Dios omnisapiente.

Nunca he dudado de tu profesionalidad Lisy, ahora mucho menos.

Bien, comenzaré diciéndote que en mi juventud tomé la decisión de contraer matrimonio con una mujer, la madre de mis hijos, el cual no obstante haber durado un tiempo, alrededor de catorce años, no cumplió su cometido, ninguno de los dos fuimos felices, porque nunca fuimos el uno para el otro, fuimos la cara y el reverso de una moneda, de tal manera que concluyó en una separación y, finalmente el divorcio. Luego con el transcurso del tiempo, en mi centro de trabajo, conocí otra mujer que con una magia inigualable hizo de mi vida su instrumento, hasta que me di cuenta, no inmediatamente, sino al cabo de varios años, que no era la persona que creía. Más joven que yo, elegante, muy femenina, se arreglaba esplendorosamente, fingía ser para mí, pero ciertamente cuando abrí los ojos pude apreciar que era el ser más mentiroso que había conocido en mi vida, me atrevo a decir que no estoy seguro de su fidelidad, por lo cual, radicalmente, como el cirujano que extirpa un tumor maligno; así culminó el referido matrimonio.

En todo ese tiempo había conocido una persona muy especial; una mujer algo mayor que yo, divorciada hacía más de quince años sin nunca haber tenido otra relación amorosa en ese tiempo; me enamoré de ella.

Disculpa, eso fue encontrándote casado todavía con la anterior, sin embargo decidiste unirte a otra y no materializar ese sentimiento tan lindo que estabas sintiendo ¿Por qué, Andrei?

No puedo responderte esa pregunta, porque ni yo mismo supe lo que había hecho, quizá con la que me casé utilizó esa "magia" que muchas mujeres utilizan para seducir al hombre, es un misterio. Lo real es que en un momento inesperado dejé plantada a esa bella alma y me casé con la otra. Al principio me pareció estar en el paraíso, todo era color de rosas, mientras hice sufrir de pena aquella con la que debí unir mi vida. Esa fue una de las cuestiones que quizá haya provocado el estado de ánimo asociado el tiempo de duelo que has conocido.

Creo que cuando las cosas van a suceder, suceden aunque uno no quiera. Hubo una amiga que tuvo el valor de llamarme un día y alertarme con relación a lo que estaba pasando en mi vida; así como me ilustró sobre aquella especial mujer quien yo estaba dejando a un lado, sin razón alguna, solo por las apariencias externas de una joven no bien conocida.

Lisy, increíblemente había una mano invisible tendida hacia mí que me ayudaba, eso no lo dudo. Volví a donde aquella bella mujer de alma noble, que tanto había sufrido mi actitud para con ella, mas, también había tragado su sangre sin compartirla con alguien. Me recibió en sus brazos como quien recibe lo más grande del universo y, fue un matrimonio exquisito, hasta que la muerte nos separó llevándosela a ella. Le di todo el amor que tenía acumulado en mi corazón, la atendí como la reina que nunca el mundo ha tenido, pero no sé si realmente eso restituyó mi fallo para con ella que la hizo sufrir tanto, aunque jamás me lo demostró y ni siquiera hubo una pequeña frase que aludiera tal situación. Pienso que si, pero duele.

Hoy, toda esa experiencia me hace pensar tanto las cosas, no quiero dar otro paso en falso, ni quiero dañar a alguien más. La vida no detiene su aplastante paso, con firmeza continúa suceda lo que suceda, no le interesa si te equivocaste o no, ella nunca tiene la culpa, sigue adelante y, uno es quien tiene que beber de las aguas amargas o dulces, según de donde la extrajiste. Sobre todo ello el tiempo es la sumatoria, ya no soy un joven.

Ahora, Lisy, pienso te hayas dado cuenta de mi conducta y la posición asumida durante todo este tiempo desde que nos conocimos.

¿Qué piensas en estos momentos de mí?

Pues, que eres un hombre maravilloso, de sentimientos extraordinarios y una mente muy abierta. Todos nos equivocamos en un momento determinado Andrei, ciertamente cometiste tus errores, te equivocaste, pero también rectificaste y eso es lo más importante. Incluso, ahora, en esta conversación que de buena voluntad hemos tenido tú y yo, pienso que no por gusto, sino porque entre nosotros existe una afinidad que como el artista escultor, aún tenemos que terminar de tallar, has sido muy comunicativo, me has narrado la realidad, lo que constituyó tu buen actuar, pero también lo indebido, lo que no debiste hacer, y eso vale mucho en una persona, esa honestidad que me has demostrado. Tu arrepentimiento.

Por otro lado, no puedo obviar lo relacionado con mi trabajo, otro hombre que no pertenezca al cuerpo donde me desempeño, lo primero que hace es mostrar su inconformidad con la labor que realizo, sin embargo, desde el principio la encomiaste, llegaste a decirme, eso no se me olvida nunca, que mi labor era muy linda e importante, pues, se correspondía con el cuido de la vida de los demás. Eso muchos no lo ven, solo se fijan en el uniforme, los grados, el arma que porto, la autoridad con que tomo decisiones y, cuando tengo que reprimir a alguien por su conducta infractora, no me relacionan con una mujer, con un ser también femenino, delicada como tal, con derecho a tener un hombre a su lado que la ame, porque también amo y, una entrega a la familia. Tú eres especial Andrei, pienso que la vida nos ha puesto uno frente al otro dándonos una nueva oportunidad de crear un nido distinto, incomparable con lo que hemos hecho anteriormente ¿No te parece?

Tienes, primero que todo, vaciar la gaveta de los recuerdos que te están lacerando el alma y la mente; sí, cometiste errores ¿quién no los ha cometido? Pero cerraste aquella etapa con broche de oro, supiste poner en su lugar a cada cual. Ahora tienes que saber ponerte tú en el lugar que te corresponde, utilizar el punto y aparte que tanto utilizas en tus creaciones literarias y, comenzar una vida nueva libre de cualquier prejuicio ni culpabilidad alguna.

Tenemos derecho a la vida ¿por qué no abordarla en toda su plenitud? No sabemos que nos depara el futuro, por lo tanto, vivamos el presente abiertamente.

Cuando nos conocimos me dijiste que en mi trabajo preservaba la vida de los demás; lo reconociste como pocos, me encomiaste. También señalaste, yo doy y quito la vida a quienes se me antoja – parafraseo -, vas escribiendo de conformidad con lo que tu imaginación te da. ¿Por qué no tomas una porción de ese numen y la aplicas a tu vida? Comienza de nuevo, aprópiate de esa oportunidad.

¿Te imaginas Andrei? No pienses más en la edad, además, ahora es que tú estás realizándote; ahora es que has empezado a vivir, como también me dijiste: no podías dedicarte a la literatura porque no tenías tiempo. Ya tienes todo el tiempo que necesitas, solo te falta ocuparte de tu vida personal y familiar, eso puedes resolverlo con una decisión.

Lisy, te pido me des un tiempo, la noche de hoy, para acomodar mis ideas y decirte lo que pienso y quiero, lo que quizá me ha faltado valor para hablarlo contigo, o sea producto del conflicto, a punto de convertirse en un dilema, que gracias a que te conocí he enfrentado y estoy venciendo, la noche de hoy es decisiva en mi vida, como dices en el inicio de una nueva vida.

Claro, mi vida, nadie te puede presionar. Eres tú quien tiene que determinar la situación que ya tienes en tus manos.

Ella se acercó a él depositando un beso en su mejilla. Escribe esta noche en tu corazón, y si te parece ser el inicio de tu libertad personal, entonces mañana publícalo en tu mente, tu alma sentirá tremendo regocijo y, yo estaré a tu lado para apoyarte en todo lo que necesites. No olvides que has ganado una nueva familia que espera por ti.

Eso sí, nadie te va a librar de que te ponga otra vez las esposas, ja, ja, ja.

Eres bella Lisy, y no me estoy refiriendo a tu físico, sino a tu interior. Desde muy joven, mis padres me enseñaron que las personas no se miran por fuera, sino a su interior.

Mañana, mi bella princesa, te voy a narrar sobre mis dos primeros grandes amores que nunca olvido, y por qué.

Me parece que has sido un poco salido del tiesto y voy a tener que ponerte las esposas de verdad, escritor enamoradito.

Ja, ja, ja, ja.

¡Ah, y te ríes!

Me río de esas dos historias en la manera que sucedieron, espontáneamente, las más limpias y puras de amor, ya verás. Estoy seguro que te van a gustar. Sobre la primera, escribí un poema; la segunda la voy a escribir para que la conozcas tal y como sucedió, también le dediqué un poema en el poemario a mi pueblo, son muy interesantes y dignas de publicar, pues, descifran el amor puro y sincero del ser humano, aun en sus primeros años de vida, cuando nada se entiende de intereses, sino cuando quien gobierna es el sentimiento. Muy curioso, porque incluso los hechos se desarrollan en medio de una sociedad ranciamente racista, sobre todo en mi pueblo, y tanto mis padres como yo, que lo aprendí de ellos, nunca discriminamos a alguien por ninguna causa, ellos labraron en mí la convicción de que las personas no se miran por fuera, sino por dentro, a su alma.

Al día siguiente:

Relatoría sobre sus dos primeros bellos amores

Bien, cumplo el compromiso de narrarte, como te dije ayer, sobre mis dos primeros bellos amores. Déjame decirte que fue algo muy lindo, pero lo más importante, a mí entender, lo constituye el sentimiento con que actué en esa etapa de mi corta vida en aquel entonces.

¿Quiere decir Andrei, que eras muy joven aun?

Ese es precisamente el eje central de esos dos hechos; era un niño. Un niño que actuaba movido por sus sentimientos de amor puro hacia aquellas mujeres, que lógicamente lo veían como tal.

Mira, soy oriundo de un pueblo muy lindo que jamás olvido, y hasta en numerosas ocasiones me causa mucha nostalgia recordar el tiempo en él vivido, mis vecinos, mis amistades, mis maestros, las calles, las escuelas donde estuve, en fin, todo lo que tuvo que ver con mi formación

En numerosas ocasiones, con mis padres, en ese tiempo de mi niñez, viajaba al poblado donde residía la familia de mi madre. Siempre nos instalábamos en la casa de mi abuela materna. Una casa de esos tiempos construida de madera de tabloncillo, grande, con cinco habitaciones, portal amplio, sala, saleta, comedor, cocina, baño, portal trasero, pozo de agua potable y, tres amplios patios.

Contiguo al primer patio residía una familia, en la cual había una muchacha joven, bonita, nombrada Edith, la cual, era mi vida. En mi corazón de niño que nada podía entender del amor como atracción sexual, ella tenía un privilegiado lugar. Cuando me ponía majadero por alguna causa, o no quería ingerir los alimentos que mi buena madre me preparaba, solo tenían que invocar el nombre de Edith, e inventar que venía de visita a nuestra casa; era como si se convirtiera en una frase mágica que todo lo resolvía en el momento. Cuando en esas ocasiones en que nos trasladábamos a su pueblo llegábamos a la casa de mi abuela, a mi se me olvidaba todo, ni siquiera me acordaba de los juguetes y los juegos que mis primos me ofrecían. Edith, me absorbía y, todo el tiempo que podía lo dedicaba a mirarla, esperar que me hiciera una seña, me tirara un beso, con tan solo eso, yo era el niño más feliz del mundo. Nadie podía interrumpir ese idilio. Hace poco le dediqué a aquel momento de ilusión tan linda un poema; escúchalo:

Edith amor en tallo verde

Llegaba de inmediato
el taburete pequeño
acorde a su edad
recostado a la pared del fondo
de la casa
hurgaba con sus ojos los orificios
de la malla metálica
que la separaba
necesitaba ver la joven mujer
de sus idilios
aquella que sin comprenderlo
llenaba su alma de niño
los demás
jugaban a sus anchas
en los espaciosos patios de la abuela
él velaba
a veces tarde
hasta ver el rostro y el vaivén
de sus caderas
anunciando su presencia
una sonrisa ornaba su infante rostro
¡Edith estaba allí! había llegado
era para él más que un beso de amor
entre adultos

lo hacía feliz

solo con eso se conformaba

recogía el taburetico y

hasta el otro día

entonces volvía a ser aquel niño

que aún no había descansado del viaje

¡Qué lindo pa´!

Es verdad que fue una etapa muy linda de tu niñez, gracias por compartirla conmigo.

Entonces, ya no me pones las esposas.

Bueno, todavía falta la otra historia. Veré su desenlace y tu participación.

La otra historia es triste Lisy, constituyó para mi una frustración; además ya era un poquito mayor, percibía con mayor receptibilidad los golpes de la vida.

En mi pueblo, un Central azucarero de propiedad norteamericana, habían unas cuantas personas provenientes de otros países, como Haití, Jamaica, en busca de trabajo, el cual, desarrollaban en las labores agrícolas cañeras. Entre esas personas estaba una mujer, procedente de Jamaica, se dedicaba a atender la cocina del entonces jefe de la compañía; ese trabajo le absorbía la mayor parte del día: tenía varios hijos varones y, una hembra adolescente nombrada Olivia; eran personas de piel negra, muy educados. Un día, ella le pidió a mi madre que tuviera a su hija en nuestra casa, ella le ayudaría en los menesteres domésticos, mi madre le pagaba sus servicios y la enseñaba, pues, ella había sido maestra en su pueblo.

Al principio, la joven se mostró algo rebelde, pero poco a poco fue aclimatándose a nuestra familia que le dispensó mucho cariño. Tenía una habitación contigua a la mía y gozaba de todo por igual que los miembros de la familia, incluso en salidas y paseos.

De tan manera se encariñó conmigo de tal manera que me convertí en su niño; me bañaba, cambiaba de ropas, me llevaba a la escuela, me sacaba a pasear, jugaba conmigo, me protegía al máximo, incluso hasta de un posible castigo por algo que hiciera. La última visita a mi habitación antes de dormir en las noches, era la de Olivia. Te repito, para mi vida ella era algo muy grande. La quise con todas las fuerzas de mi corazón; para nada podía faltar su presencia.

Olivia, fue creciendo espiritualmente, madurando, y llegó el momento en que apareció Chicho, un enamorado que se convirtió en su novio. La visitaba en mi casa, hizo buen rapor conmigo, además de sus halagos y cariños. Si le traía a Olivia, por ejemplo: una caja de bombones de chocolate, pues, a mi también me traía algo parecido. Chicho se convirtió en mi gran amigo, hasta que decidieron casarse y Olivia abandonar la casa mudándose para otro pueblo, lógicamente con su esposo. Esa fue una tremenda frustración para mí, perder a la Olivia de mi vida; tendría unos cuatro años de edad, no más. El día que ella se fue definitivamente, me cayó el mundo arriba, y me pasé varios días tirado en el suelo en los rincones de la casa llorando. Hoy, todavía, añoro volver a verla.

Hace un tiempo también dediqué un poemario, más bien histórico, a mi Delicias y, uno de esos poemas fue dedicado a Olivia, óyelo Lisy:

A Olivia King

mi hogar linda infancia dulce amor

regalo que me hizo la vida y sus huellas me imprimió

Olivia parte de ella es un cariño en flor

amor limpio de la niñez que hasta hoy perduró

mujer negra de alma noble que nadie superó

sus mimos y suave voz entregó a mi vida en botón

cariño de madre al hijo en su regazo

experiencias de ingenuo amor provocaron amargos llantos

cuando de mi lado partió

hoy es recuerdo alegre melancolía y satisfacción de haber

tenido a mi diestra una Virgen parte de mi vida que el

inclemente tiempo no pudo borrar

Con los ojos humedecidos por las lágrimas, Lisy se acercó a él: eres maravilloso Andrei; hoy he corroborado la calidad de esa alma que llevas dentro ¿Podré en algún momento contar con esos bellos sentimientos, aunque sea de tu niñez?

No Lisy, no puedo continuar sintiendo ese peso que he llevado durante un largo tiempo, he estado debatiéndome psicológicamente, tratando de no aceptar lo que mi corazón me está dictando, es como el reo que ha sido condenado a la pena capital, pero no ha sido ejecutado, se siente muerto en vida; yo, siento ser una parte de ti, no puedo seguir resistiéndome a la realidad, te amo con todas mis fuerzas. Creo que es el momento de unirnos para siempre.

Ambos se fundieron en un abrazo; se besaron, y sin darse cuenta terminó esposado a ella, quien ocultamente había llevado las esposas para ponérselas…

Ja ja ja ja, ahora sí puede verme el capitán, el escritor amigo, y todo el que desee, siento un sano orgullo de estar atado a tu cuerpo, mi amor bello.

Quiero mi vida que nos casemos y salgamos en tu auto escoltado con el cuerpo de la motorizada a ambos lados; ese es el regalo que le pediré al capitán ¿Estás de acuerdo?

Con todo lo que desees mi amor… La obra de mi vida, la mayor, es para ti.

Ariel G. Batista Osorio

Natural del municipio Puerto Padre (Delicias). Provincia de Las Tunas. Cuba. Poeta y escritor. Residente en la ciudad de Holguín – Cuba. Agosto de 1948.
Licenciado en Derecho. Graduado del Curso Bíblico – Teológico del Seminario. Evangélico Internacional de Matanzas. Cuba. - SET. Curso de Dirección de la Economía Empresarial. Postgrado de Derecho Internacional Humanitario. Vicepresidente de La Cruz Roja en La Provincia Holguín; Miembro de La Iglesia de Los Amigos (Cuáqueros); de La Unión Nacional de Juristas de Cuba; de La Sociedad Cultural José Martí. Fundador – presidente de La Institución Literaria El Convivio Cubano. Con numerosos libros publicados en La Editorial JustFiction! Riga. Letonia. Primo Premio Assoluto en Poesía, otorgado por La Academia Internacional El Convivio de Italia, entre otros; premios locales e internacionales en narrativa y poesía. En Asociación Internacional de Poetas del Mundo, Isla Negra, Chile. Asociación Cajamarca, Identidad y Cultura, de Cajamarca, Perú. Por la participación en la Antología Bicentenario, en homenaje a Perú – 2021 - obtuvo Pergamino Especial. Pergamino de Honor Especial por su autoría en otras Antologías

Solo una mirada, es la obra novelística no solamente de amor; sino toca los sentimientos de la persona atendiendo a los diversos estados anímicos de la misma, su nivel de comprensión y confianza en ella misma y, en quien tiene a su lado como respuesta a su adecuada selección para transitar los duros caminos de la vida. Con ella el autor ha querido homenajear a las mujeres que valientemente, en la vía pública, dedican su vida a proteger la de sus semejantes, sin dejar de ser amiga, novia, esposa, bella mujer cubana.

Ariel G. Batista Osorio. Fundador – presidente de La Institución Literaria El Convivio Cubano. Con numerosos libros publicados en La Editorial JustFiction! Riga. Letonia. Primo Premio Assoluto en Poesía, otorgado por La Academia Internacional de Poesía, Arte y Cultura El Convivio de Italia, entre otros; premios locales e internacionales en narrativa y poesía; en Casa de La Cultura Municipio Holguín, Biblioteca Provincial Alex Urquiola, Holguín; Asociación Internacional de Poetas del Mundo, Isla Negra, Chile. Asociación Cajamarca, Identidad y Cultura, de Cajamarca, Perú. Por la participación en la Antología Bicentenario, en homenaje a la independencia de Perú – 2021 - obtuvo Pergamino Especial..

A las féminas de la motorizada de tránsito

Printed by Books on Demand GmbH, Norderstedt / Germany